Itz for Kidz

InterCity

ZugReise

BINGO!

Mit ♥ gestaltet für Kinder.

Für weitere Büchlein

einfach diesen QR-Code scannen.

InterCity-Entdecker-Zugreise-Bingo für Kindergartenkinder (3–6 Jahre)

ISBN: 978-81-988259-3-3

Itz for Kidz

Email: hallo@itzforkidz.de

Website: www.itzforkidz.de

@itzforkidz.de | @itzforkidzde

Unsere Abenteuer-Route

Am Bahnhof	○ ○ ○ ○ ○	1 - 6
WaggonEntdecker	○ ○ ○ ○ ○	7 - 12
Fenster - Kino	○ ○ ○ ○ ○	13 - 18
Farben - Rallye	○ ○ ○ ○ ○	19 - 24
Fenster - Blick: Natur	○ ○ ○ ○ ○	25 - 30
Technik Abenteuer	○ ○ ○ ○ ○	31 - 36
Bistro - Detektiv	○ ○ ○ ○ ○	37 - 42

Spielanleitung für Dich

1. SUCHEN
Schau aus dem Fenster und im Zug. Entdeckst du ein Bild von deiner Karte?

2. ANKREUZEN
Super! Kreuze das gefundene Bild direkt an.

3. BINGO!
Hast du drei Bilder in einer Reihe (quer, hoch oder schräg) entdeckt? Klasse! Tippe leise auf die Reihe, flüstere deinen Eltern „Bingo!" ins Ohr und zeige es ihnen stolz. Du hast es geschafft! 👍

Profi-Tipp
Versuche, die ganze Karte voll zu bekommen!

Für Freunde
Spielt zusammen! Wer zeigt als Erster eine volle Reihe?

Itz for Kidz

BINGO!

Am Bahnhof

Bahnhofs Beobachter

Entdecker ____ Bahnhof ____ Datum ____ Uhrzeit ____

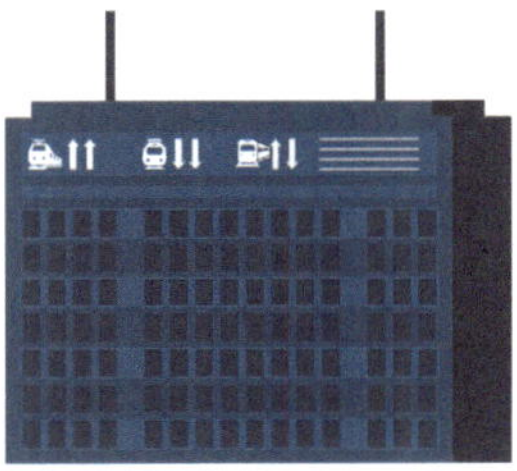 Abfahrtstafel	 Zug	 Bahnmitarbeiter
 Uhr	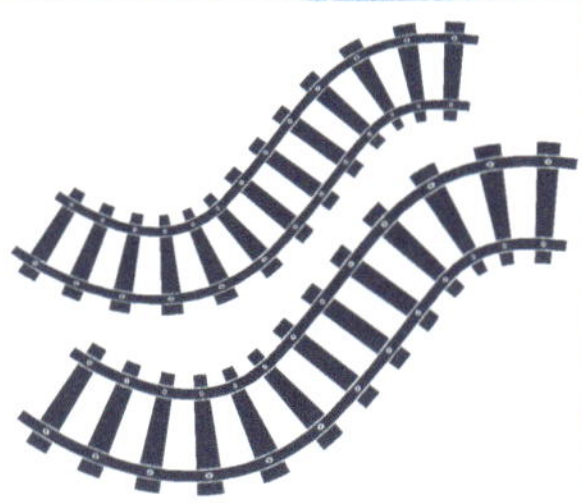 Gleise	 Fahrkarte
 Sitzbank	 Koffer	 Mülleimer

Das Wetter heute

☐ Sonnig ☐ Bewölkt ☐ Regen ☐ Schnee

Bahnhofs Beobachter

Entdecker ______ Bahnhof ______ Datum ______ Uhrzeit ______

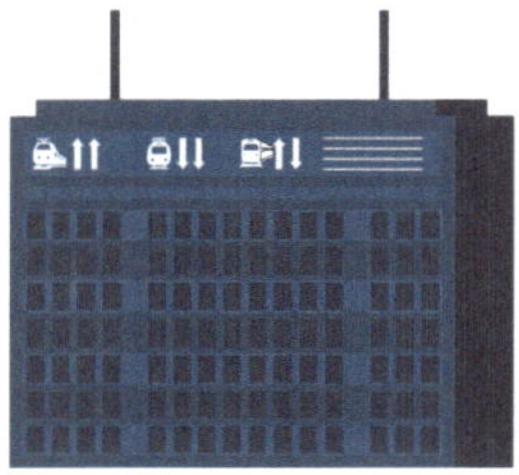 Abfahrtstafel	 Mütze	 Lautsprecher
 Uhr	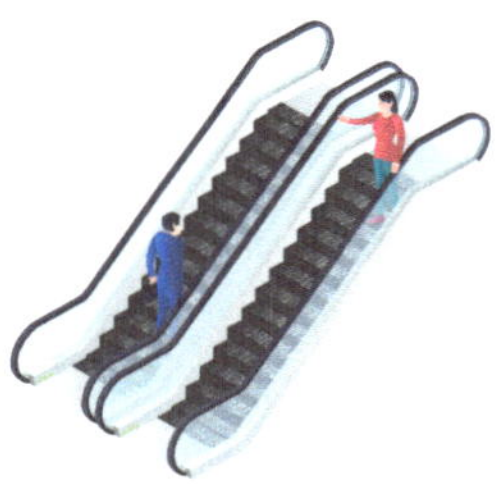 Rolltreppe	 Fahrkarte
 Automat	 Koffer	 Mülleimer

Das Wetter heute

☐ Sonnig ☐ Bewölkt ☐ Regen ☐ Schnee

BINGO!

Bahnhofs Beobachter

Entdecker | Bahnhof | Datum | Uhrzeit

 Zugtür	 Kinderwagen	 Wasser
 Uhr	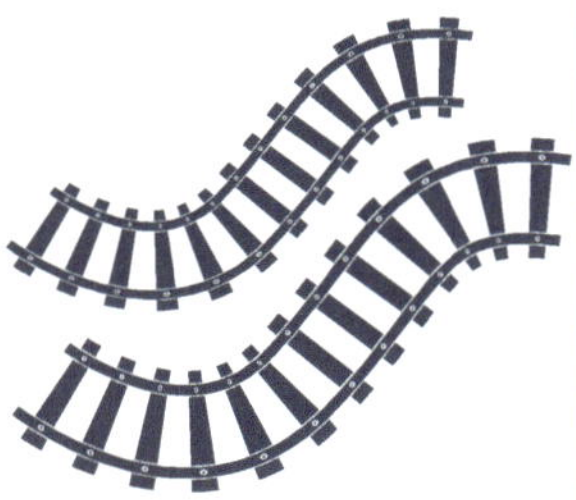 Gleise	 Fahrkarte
 Familie	 Koffer	 Hund

Das Wetter heute

☐ Sonnig ☐ Bewölkt ☐ Regen ☐ Schnee

BINGO!

Bahnhofs Beobachter

Entdecker | Bahnhof | Datum | Uhrzeit

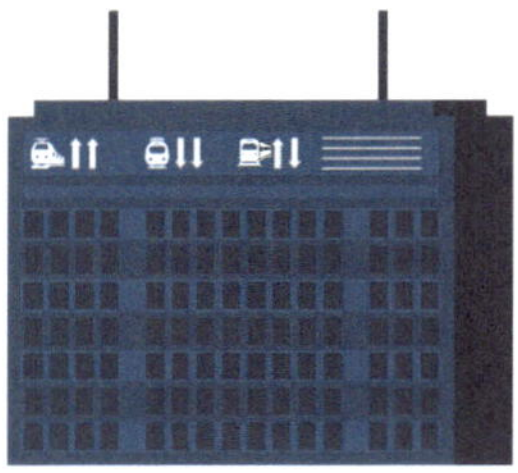

Abfahrtstafel

Zug

Bahnmitarbeiter

Zeitung

Schuhe

Treppe

Baby

Kaffee

Mülleimer

Das Wetter heute

☐ Sonnig | ☐ Bewölkt | ☐ Regen | ☐ Schnee

Bahnhofs Beobachter

Entdecker

Bahnhof

Datum

Uhrzeit

 Rucksack	 Brezel	 Bahnmitarbeiter
 Uhr	 Brille	 Fahrkarte
 Aufzug	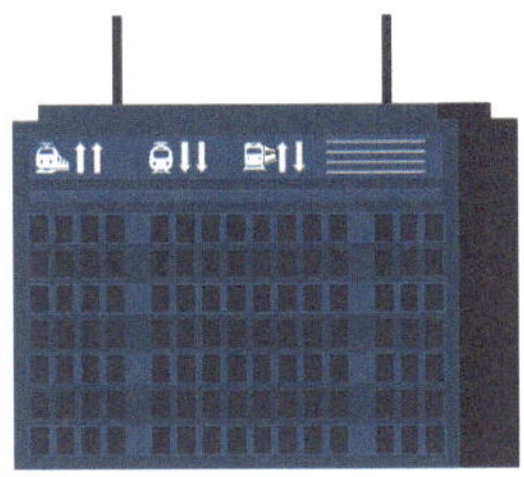 Abfahrtstafel	 WC

Das Wetter heute

☐ Sonnig ☐ Bewölkt ☐ Regen ☐ Schnee

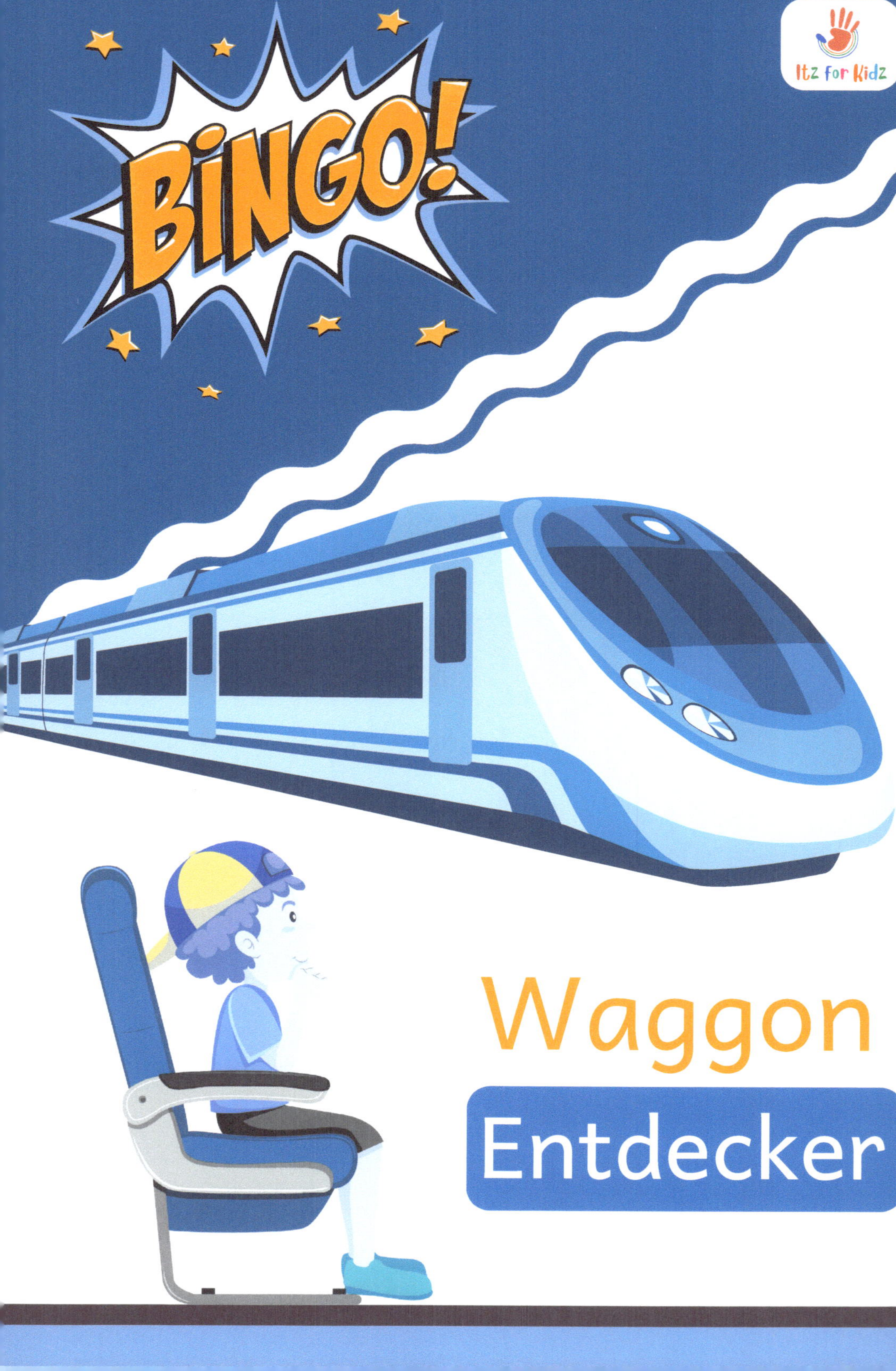

Waggon Entdecker

Waggon Entdecker

Entdecker ______ Zug-Nr. ______ Datum ______ Uhrzeit ______

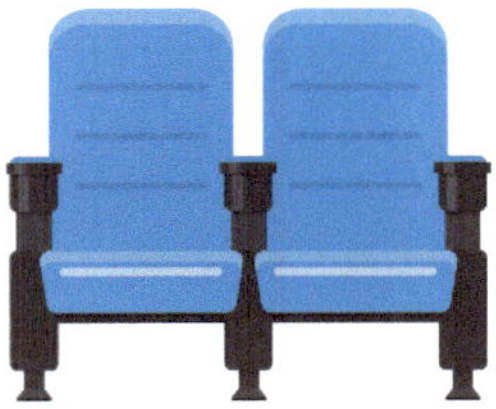

Sitz

Wasserflasche

Tisch

Jacke

Fenster

Steckdose

Rucksack

Mülleimer

Buch

Das Wetter heute

☐ Sonnig ☐ Bewölkt ☐ Regen ☐ Schnee

BINGO!

Mein Platz Entdecker

Entdecker | Zug-Nr. | Datum | Uhrzeit

 Schaffner	 Wasserflasche	 Jacke
 Mülleimer	 Zugtür	 Rucksack
 Steckdose	 Tisch	 Koffer

Das Wetter heute

☐ Sonnig ☐ Bewölkt ☐ Regen ☐ Schnee

BINGO! Mein Platz Entdecker

Entdecker	Zug-Nr.	Datum	Uhrzeit

 Buch	 Rucksack	 Mülleimer
 Spielzeug	 Kind	 Tisch
 Steckdose	 Wasserflasche	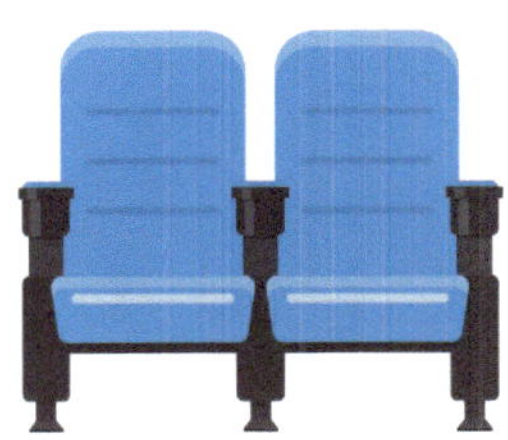 Sitz

Das Wetter heute

☐ Sonnig ☐ Bewölkt ☐ Regen ☐ Schnee

BINGO! Mein Platz Entdecker

Entdecker	Zug-Nr.	Datum	Uhrzeit

 Schaffner	 Wasserflasche	 Jacke
 Mülleimer	 Zugtür	 Rucksack
 Steckdose	 Tisch	 Koffer

Das Wetter heute

☐ Sonnig | ☐ Bewölkt | ☐ Regen | ☐ Schnee

Mein Platz Entdecker

Entdecker	Zug-Nr.	Datum	Uhrzeit

 Spielzeug	 Buch	 Zugtür
 Getränke	 Mülleimer	 Steckdose
 Rucksack	 Kind	 Schaffner

Das Wetter heute

☐ Sonnig ☐ Bewölkt ☐ Regen ☐ Schnee

Fenster - Kino

Fenster - Kino

Entdecker ________ Zug-Nr. ________ Datum ________ Uhrzeit ________

 Tunnel	 Auto	 Bahnhof
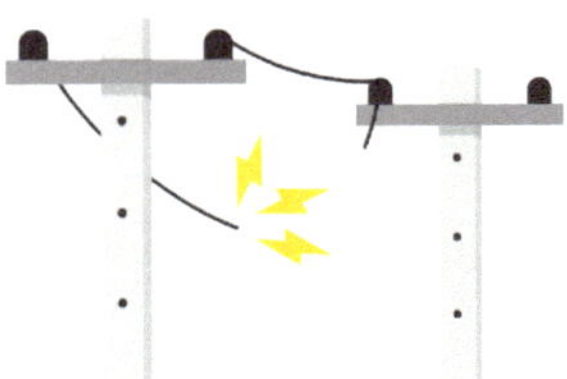 Strommast	 Anderer Zug	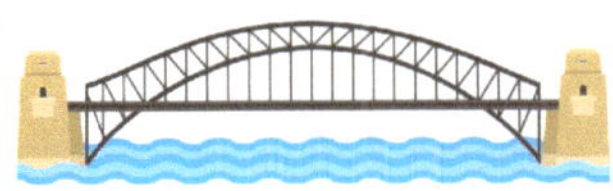 Brücke
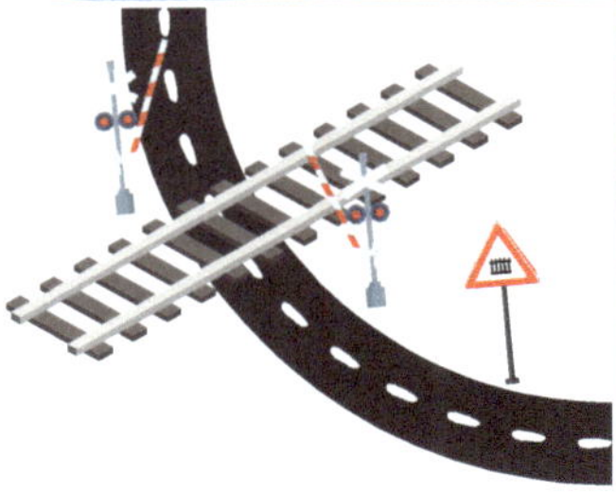 Bahnübergang	 Windrad	 Zaun

Das Wetter heute

☐ Sonnig ☐ Bewölkt ☐ Regen ☐ Schnee

Fenster - Kino

Entdecker ______ Zug-Nr. ______ Datum ______ Uhrzeit ______

Fabrik

Bus

Haus

Feld

Straße

Kirche

LKW

Turm

Das Wetter heute

☐ Sonnig ☐ Bewölkt ☐ Regen ☐ Schnee

Fenster - Kino

Entdecker ____________ Zug-Nr. ____________ Datum ________ Uhrzeit ________

 Haus	 Auto	 Bahnhof
 Straße	 Anderer Zug	 Brücke
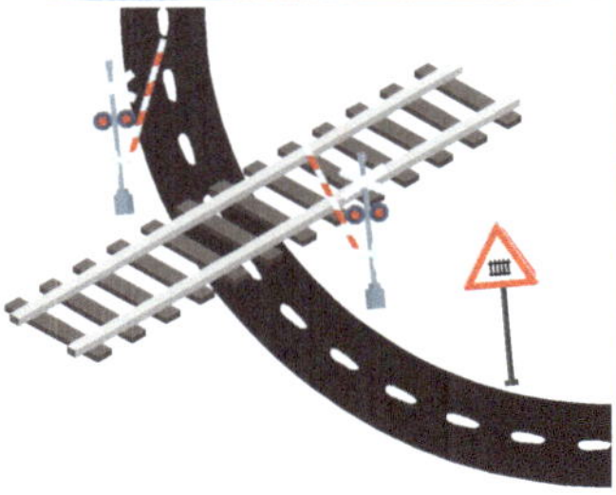 Bahnübergang	 Windrad	 Zaun

Das Wetter heute

☐ Sonnig ☐ Bewölkt ☐ Regen ☐ Schnee

Fenster - Kino

Entdecker | Zug-Nr. | Datum | Uhrzeit

Fabrik

Kirche

Turm

Feld

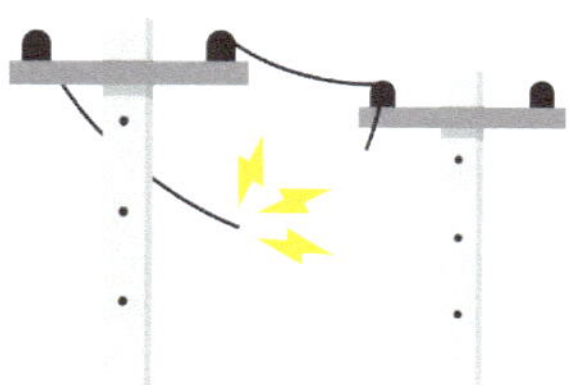

Strommast

Tunnel

LKW

Bus

Das Wetter heute

☐ Sonnig ☐ Bewölkt ☐ Regen ☐ Schnee

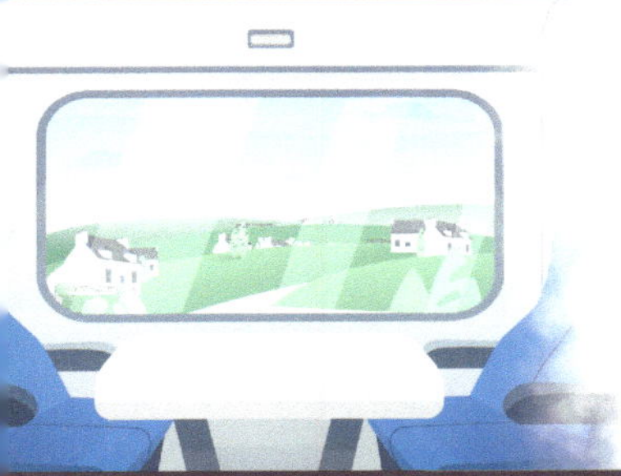

Fenster - Kino

Entdecker | Zug-Nr. | Datum | Uhrzeit

Windrad

Fahrrad

Hügel

Parkplatz

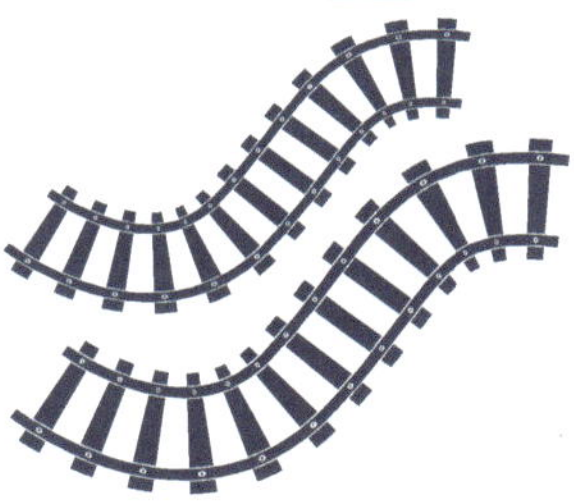

Gleise

Brücke

Tankstelle

Bahnhof

Auto

Das Wetter heute

☐ Sonnig | ☐ Bewölkt | ☐ Regen | ☐ Schnee

Itz for Kidz

Farben - Rallye

Farben - Rallye

Entdecker | Zug-Nr. | Datum | Uhrzeit

 Etwas Rotes	 Etwas Blaues	 Etwas Graues
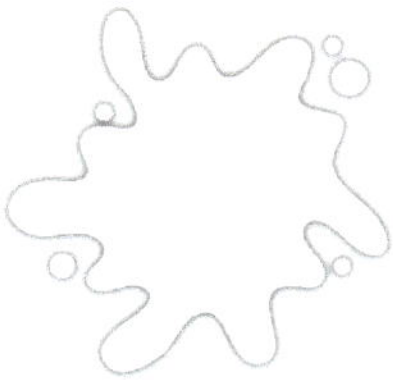 Etwas Weißes	 Etwas Schwarzes	 Etwas Grünes
 Etwas Gelbes	 Etwas Braunes	 Etwas Orange

Das Wetter heute

☐ Sonnig | ☐ Bewölkt | ☐ Regen | ☐ Schnee

BINGO! Farben - Rallye

Entdecker | Zug-Nr. | Datum | Uhrzeit

Etwas Rotes	Etwas Blaues	Etwas Graues
Etwas Weißes	Etwas Schwarzes	Etwas Grünes
Etwas Gelbes	Etwas Braunes	Etwas Orange

Das Wetter heute

☐ Sonnig ☐ Bewölkt ☐ Regen ☐ Schnee

Farben - Rallye

Entdecker ______ Zug-Nr. ______ Datum ______ Uhrzeit ______

Etwas Rotes	Etwas Blaues	Etwas Graues
Etwas Weißes	Etwas Schwarzes	Etwas Grünes
Etwas Gelbes	Etwas Braunes	Etwas Orange

Das Wetter heute

☐ Sonnig ☐ Bewölkt ☐ Regen ☐ Schnee

Farben - Rallye

Entdecker ______ Zug-Nr. ______ Datum ______ Uhrzeit ______

 Etwas Rotes	 Etwas Blaues	 Etwas Graues
 Etwas Weißes	 Etwas Schwarzes	 Etwas Grünes
 Etwas Gelbes	 Etwas Braunes	 Etwas Orange

Das Wetter heute

☐ Sonnig ☐ Bewölkt ☐ Regen ☐ Schnee

Farben - Rallye

Entdecker ______ Zug-Nr. ______ Datum ______ Uhrzeit ______

Etwas Rotes	Etwas Blaues	Etwas Graues
Etwas Weißes	Etwas Schwarzes	Etwas Grünes
Etwas Gelbes	Etwas Braunes	Etwas Orange

Das Wetter heute

☐ Sonnig ☐ Bewölkt ☐ Regen ☐ Schnee

Fenster - Blick

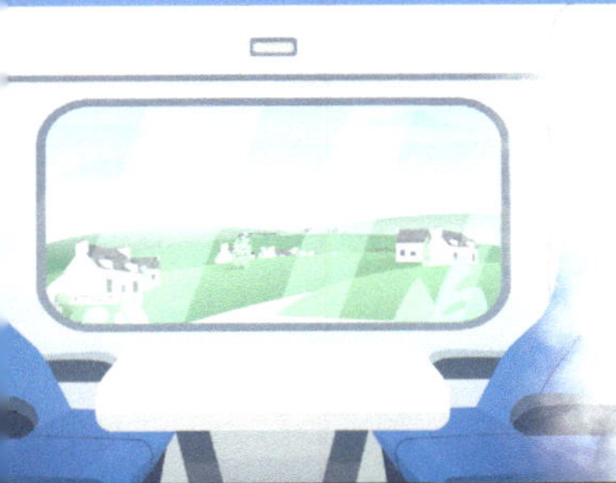

Fenster - Blick: Natur

Entdecker | Zug-Nr. | Datum | Uhrzeit

Waldstück

Blume

Wolke

Sonne

Vogel

Der Fluss

Pferd

Hügel oder Berg

Schaf

Das Wetter heute

☐ Sonnig | ☐ Bewölkt | ☐ Regen | ☐ Schnee

Fenster - Blick: Natur

Entdecker ______ Zug-Nr. ______ Datum ______ Uhrzeit ______

 Sonne	 Wiese	 Gans
 Regenbogen	 Blätter	 See
 Der Fluss	 Kuh	 Baum

Das Wetter heute

☐ Sonnig ☐ Bewölkt ☐ Regen ☐ Schnee

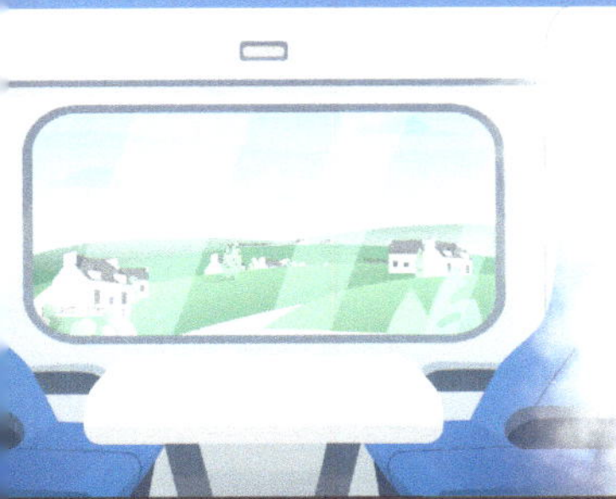

Fenster - Blick: Natur

Entdecker | Zug-Nr. | Datum | Uhrzeit

Waldstück

Blume

Wolke

Blätter

Ziege

Regenbogen

Pferd

Hügel oder Berg

Schaf

Das Wetter heute

☐ Sonnig | ☐ Bewölkt | ☐ Regen | ☐ Schnee

Fenster - Blick: Natur

Entdecker | Zug-Nr. | Datum | Uhrzeit

Sonne

Wiese

Gans

Schaf

Blätter

See

Der Fluss

Kuh

Baum

Das Wetter heute

☐ Sonnig ☐ Bewölkt ☐ Regen ☐ Schnee

Fenster - Blick: Natur

Entdecker | Zug-Nr. | Datum | Uhrzeit

 Schaf	 Der Fluss	 Pferd
 Hügel oder Berg	 Ziege	 Wolke
 Blume	 Sonne	 Waldstück

Das Wetter heute

☐ Sonnig | ☐ Bewölkt | ☐ Regen | ☐ Schnee

Technik Abenteuer

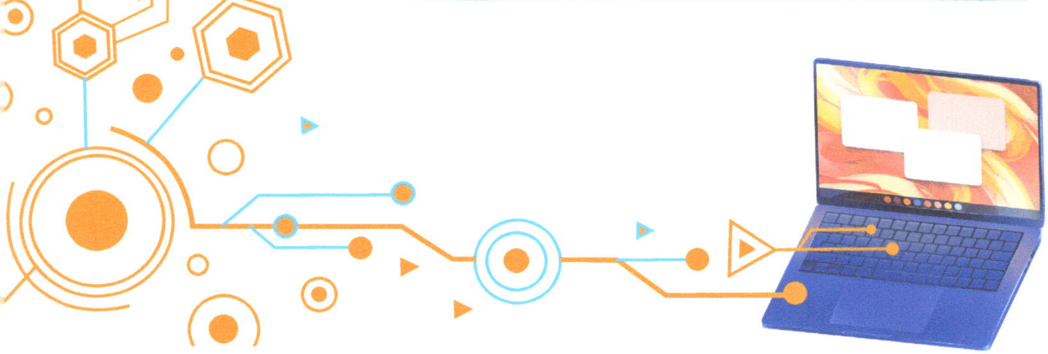

Technik - Abenteuer

Entdecker ______ Zug-Nr. ______ Datum ______ Uhrzeit ______

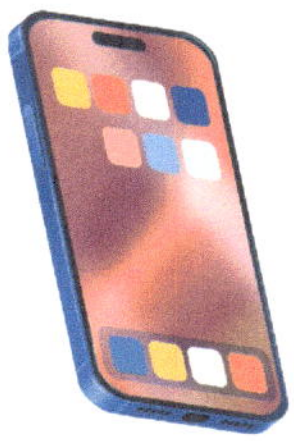 Smartphone	 Ladekabel	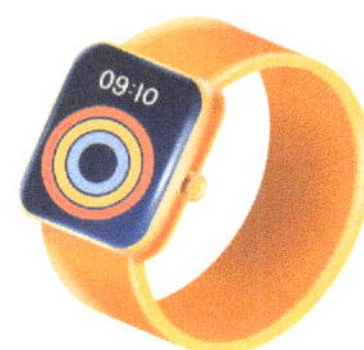 Smartwatch
 Digitale Uhr	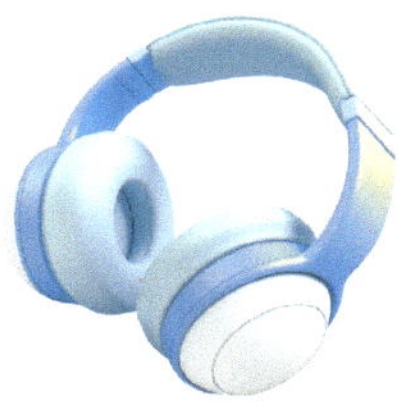 Kopfhörer	 Laptop
 Tablet	 WLAN-Zeichen	 Kamera

Das Wetter heute

☐ Sonnig | ☐ Bewölkt | ☐ Regen | ☐ Schnee

Technik - Abenteuer

Entdecker

Zug-Nr.

Datum

Uhrzeit

 Spielkonsole	 WLAN-Zeichen	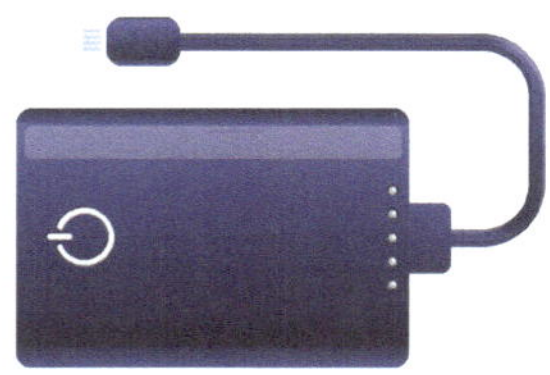 Powerbank
 Steckdose	Ohrhörer	 Kamera
 E-Reader	 Smartwatch	Ladegerät

Das Wetter heute

☐ Sonnig ☐ Bewölkt ☐ Regen ☐ Schnee

Technik - Abenteuer

Entdecker	Zug-Nr.	Datum	Uhrzeit

 Laptop	 Ladekabel	 Smartwatch
 Digitale Uhr	 Kopfhörer	 Ladegerät
 Tablet	 Smartphone	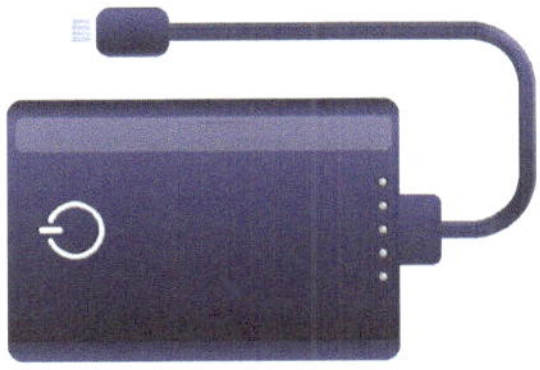 Powerbank

Das Wetter heute

☐ Sonnig ☐ Bewölkt ☐ Regen ☐ Schnee

Technik - Abenteuer

Entdecker | Zug-Nr. | Datum | Uhrzeit

 Spielkonsole	 WLAN-Zeichen	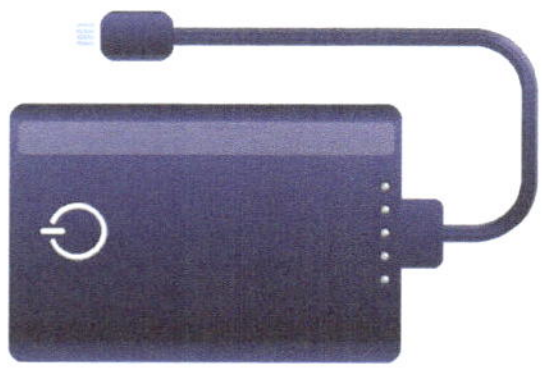 Powerbank
 Steckdose	Ohrhörer	 Kamera
 E-Reader	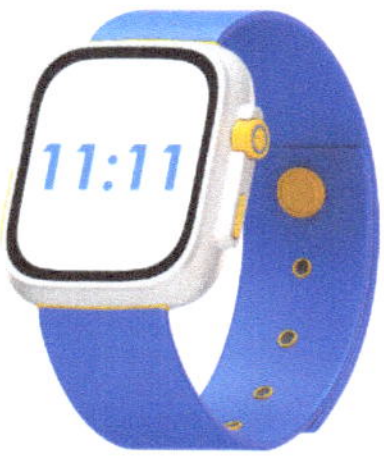 Smartwatch	Ladegerät

Das Wetter heute

☐ Sonnig ☐ Bewölkt ☐ Regen ☐ Schnee

Technik - Abenteuer

Entdecker | Zug-Nr. | Datum | Uhrzeit

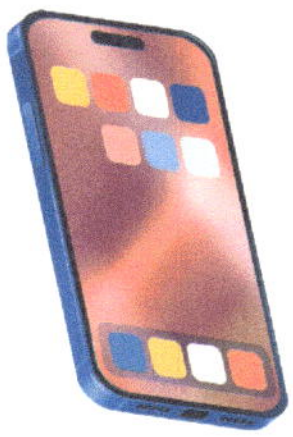

Smartphone

Ladekabel

Smartwatch

Digitale Uhr

Kopfhörer

Laptop

Tablet

WLAN-Zeichen

Kamera

Das Wetter heute

☐ Sonnig | ☐ Bewölkt | ☐ Regen | ☐ Schnee

Itz for Kidz

Bistro - Detektiv

Bistro - Detektiv

Entdecker | Zug-Nr. | Datum | Uhrzeit

 Tasse	 Tablett	 Löffel
 Sitznische	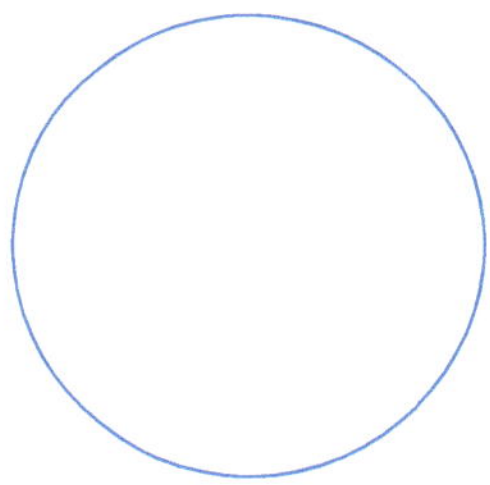 Teller	 Theke
 Flasche	 Speisekarte	 Gabel

Das Wetter heute

☐ Sonnig ☐ Bewölkt ☐ Regen ☐ Schnee

Bistro - Detektiv

Entdecker ______ Zug-Nr. ______ Datum ______ Uhrzeit ______

Kaffee

Gabel

Flasche

Saft

Kühlschrank

Kuchen

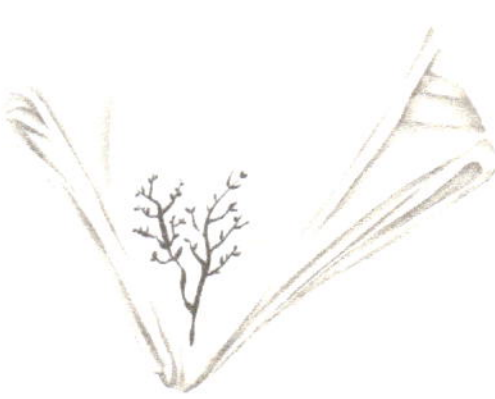

Serviette

Brezel

Tablett

Das Wetter heute

☐ Sonnig ☐ Bewölkt ☐ Regen ☐ Schnee

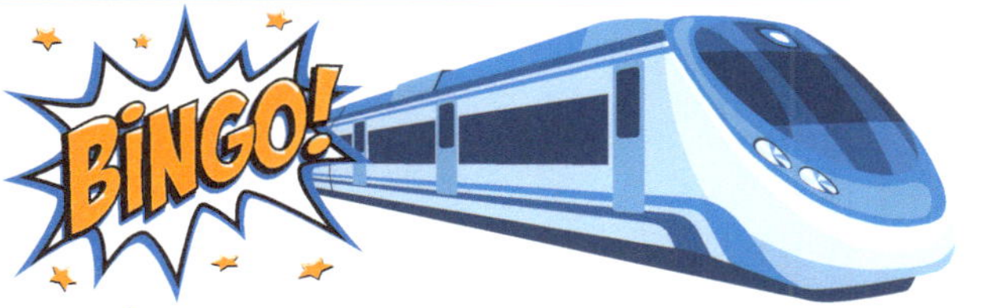

Bistro - Detektiv

Entdecker ______ Zug-Nr. ______ Datum ______ Uhrzeit ______

 Tasse	 Brezel	 Serviette
 Löffel	 Dose	 Sitznische
 Kühlschrank	 Kuchen	 Kaffee

Das Wetter heute

☐ Sonnig | ☐ Bewölkt | ☐ Regen | ☐ Schnee

Bistro - Detektiv

Entdecker | Zug-Nr. | Datum | Uhrzeit

Tasse

Tablett

Löffel

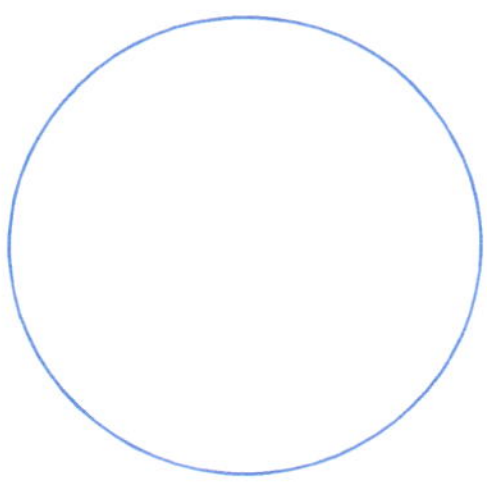

Teller

Speisekarte

Theke

Flasche

Brezel

Mikrowelle

Das Wetter heute

☐ Sonnig ☐ Bewölkt ☐ Regen ☐ Schnee

Bistro - Detektiv

Entdecker | Zug-Nr. | Datum | Uhrzeit

 Gabel	 Dose	 Serviette
 Saft	 Tasse	 Sitznische
 Kühlschrank	 Kuchen	 Mikrowelle

Das Wetter heute

☐ Sonnig | ☐ Bewölkt | ☐ Regen | ☐ Schnee

Itz for Kidz

@itzforkidz.de | @itzforkidzde

Email: hallo@itzforkidz.de | Website: www.itzforkidz.de

www.ingramcontent.com/pod-product-compliance
Ingram Content Group UK Ltd.
Pitfield, Milton Keynes, MK11 3LW, UK
UKHW061433190726
13845UKWH00020B/164
9788198825933